Grundkurs Drucktechniken

Lernbereich Grafik

Marianne Merz

Unterrichtshilfen für Bildende Kunst

Band 2

ALS-STUDIO-REIHE 707

Impressum

Herausgeber und Gesamtkonzept: L. Kreide, Frankfurt
Idee: Marianne Merz, Mannheim
Text und Gestaltung: Marianne Merz, Mannheim
Druck: ALS-Verlag GmbH, Frankfurt

Band 2 der Reihe: Unterrichtshilfen für Bildende Kunst in der Grundschule.

Best.-Nr. 29.7o7
ISBN 3-921366-6o-7

CIP-Kurztitelaufnahme der Deutschen Bibliothek:
Unterrichtshilfen für Bildende Kunst in der Grundschule
Hrsg.: L. Kreide
Frankfurt/Main: ALS-Verlag GmbH
Bd. 2 Grundkurs Drucktechniken: Lernbereich Grafik/
Marianne Merz. 1982.
(ALS-Studio-Reihe 7o7)
ISBN 3-921366-6o-7
NE: Merz, Marianne (Mitarb.)

ALS-Verlag GmbH
Postfach 1440
63114 Dietzenbach

Vorwort

"Drucken ist eine feine Sache!" heißt es in der Einleitung zu diesem zweiten Grundkurs, der sich ganz den in der Grundschule realisierbaren Drucktechniken zuwendet und Möglichkeiten ihrer Anwendung im Unterricht aufzeigt. Den Schülern ist dieser Satz sicher aus der Seele gesprochen. Drucken ist eine Art der Bildherstellung, die technisch einmal ganz anders verläuft und daher Abwechslung verspricht. Da werden die landläufigen Vorstellungen vom Zeichnen und Malen als einer Sache, die lediglich mit Stift, Pinsel und Farbe abläuft, durchbrochen. Neue Materialien kommen ins Spiel, die erprobt werden wollen und teilweise ganz andere Aktivitäten fordern wie Schneiden, Stempeln oder Walzen. Und bei manchen Techniken spielt auch der Zufall mit und läßt beim Drucken oder Frottieren unverhofft bizarre Formen entstehen.

Ob aber auch jeder Lehrer so davon überzeugt ist, daß Drucken eine "feine" Sache ist? Im Prinzip findet er das sicher auch, aber im Hinblick auf die Realität eines klassenzimmergebundenen Unterrichts muß er nüchterne Erwägungen einbeziehen. Vielleicht hat er sich schon einmal in gutem Glauben auf den Linolschnitt oder eine andere Technik eingelassen und die sich darauf entwickelnde Materialschlacht nur noch mit Mühe im Griff behalten... Wer aufgrund solcher Erlebnisse skeptisch geworden oder wer auf dem Gebiet der Drucktechniken ganz und gar unerfahren ist, dem kann dieses Büchlein Mut machen. Aber auch dem, der sich in der Handhabung von Drucktechniken auskennt, kann es sicher noch den einen oder anderen wertvollen Hinweis geben.

Die Autorin betont zu recht den Erziehungswert der Druckarbeit. Organisation des Arbeitsplatzes und Präzision beim Druckvorgang selbst sind Voraussetzungen für ein Gelingen und müssen Schritt für Schritt eingeübt werden. Nicht nur in Bezug auf den einzelnen Schüler, sondern auch im Hinblick auf die Durchführbarkeit im Klassenverband sind die Aufgaben nach aufsteigendem Schwierigkeitsgrad geordnet. Fähigkeiten und Fertigkeiten werden, von einfachsten Aufgaben ausgehend, fast unmerklich entwickelt, bis sie schließlich ausreichen, auch kompliziertere Techniken zu bewältigen.
Über den Stellenwert der Techniken innerhalb des Lehrplans sagt die Autorin selbst noch genug. Ich möchte daher an dieser Stelle im Hinblick auf die Zielebene nur auf zwei Aspekte verweisen, die nicht lehrplan-, ja nicht einmal unbedingt fachgebunden sind. Das ist zum einen der Gebrauchswert der Drucktechniken. Auch in der Realität ist der weitaus größere Anteil der Grafik Gebrauchsgrafik. Wenn die Aufgabe im Kunstunterricht dieses Kriterium des Gebrauchs nicht schon hin und wieder thematisiert - die vorliegende Aufgabenfolge kann das schon aus Gründen der Allgemeingültigkeit nicht leisten - so ergibt sich im Laufe der vier Grundschuljahre sicher häufig Gelegenheit, erlernte Techniken und Fertigkeiten im "Ernstfall" zu erproben. Das Plakat für eine Ausstellung, die Gestaltung von Namens- oder Glückwunschkarten, Lesezeichen oder Heftumschlägen oder ein von der Klasse gestalteter Kalender seien nur als Beispiel genannt.

Zum anderen ist ein wichtiger Gesichtspunkt die von der Sache herrührende Notwendigkeit zur Zusammenarbeit. Die komplizierten Techniken bestehen aus mehreren Arbeitsschritten und fordern zur Arbeitsteilung innerhalb einer Gruppe heraus. Meist ist auch das Werkzeug nicht als Klassensatz vorhanden. Man muß sich behelfen und aufeinander Rücksicht nehmen. Und schließlich ist jede Drucktechnik geradezu prädestiniert für Gemeinschaftsarbeiten (z.B. Tierherden, Städte, Wälder) zu denen jeder einzelne Schüler seinen Beitrag leistet.

In diesem Sinne ist also Drucken nicht nur notwendig, weil es im Lehrplan steht. Und wenn es diesem Büchlein gelänge, möglichst vielen Lehrern Mut zu machen, sich auf den Reiz der Drucktechniken einzulassen, so wäre das sicher der schönste Dank, den es verdient.

Michael Kutzer

Einleitung

Drucken ist eine feine Sache! Einmal, weil man gleich mehrere oder verschieden farbige Arbeiten von einem Druckstock machen kann, zum anderen ist der Überraschungseffekt beim Abziehen des bedruckten Blattes vom Druckstock ein überaus spannender Moment! Die gespannte Erwartung: ist es was geworden? Und wenn es was geworden ist, die Freude! Nebenbei ermöglicht das Drucken die Herstellung vieler für den täglichen Gebrauch nützlicher Dinge. Das Drucken von Einladungen zum Schulfest und zum Geburtstag, von Postkarten für Weihnachten und Ostern, von Monogrammen, das Herstellen eines Kalenders (Blanki) in Klassenarbeit, das Bedrucken von Tischkarten, Tischdecken, Geschenkpapier, Hemdchen und T-Shirts.

Druckgrafik ist integraler Bestandteil des Arbeitsbereiches Zeichnen/Grafik. Hier werden 3 Verfahren, die für die Grundschule geeignet sind, in 15 Aufgaben beschrieben:

1. Stempelverfahren
   Daumendruck, Korkdruck, Holzklötzchendruck, ...
2. Hochdruck
   Polyblock-Druckverfahren, Linoldruck, ...
3. Materialdruck

Die Aufgaben beziehen sich auf alle elementaren Lernprozesse des Lehrplans. Zwei dieser Prozesse treten allerdings bei Drucktechniken fast zwangsläufig in den Vordergrund:

1. Ordnen und Gruppieren: alle Stempelverfahren arbeiten mit Elementen, die beliebig vervielfacht und angeordnet werden können. Damit sind Fragen der bildnerischen Ordnung bereits im Verfahren angelegt.
2. Experimentelles Erproben: Da sich letztlich mit allem, was eine relativ feste Oberfläche aufweist, drucken läßt, ergibt sich ein sehr weites Experimentierfeld. Dabei werden reale Strukturen durch Abdrucken direkt in grafische Strukturen umgesetzt. Das Erleben dieses Verwandlungsprozesses hat einen hohen Sensibilisierungseffekt.

Ich beschreibe hier, wie und mit welchem Material ich erfolgreich gearbeitet habe. Natürlich sind Variationen im Thema, im Format, in den Farben, Untergründen und in den Lernzielen möglich. Geeignete Farben zum Drucken sind Japan Aqua, Deckfarben, Kleisterfarben, Deckweiß, Plakatfarben, Stempelkissen und Stempelfarbe, Stofffarben, ...

Mögliche Untergründe: Zeichenpapier, Zeichenblöcke, Schreibmaschinenpapier, Umdruckpapier, Tapete, farbige Papiere, Tonpapiere, schwarze Papiere, Packpapiere, weiße und farbige Postkarten, Seidenpapiere. Stoffe, wie Jute, alte Bettlaken, Baumwolle, Leinen. (Neue Stoffe heiß auswaschen, um die Appretur zu entfernen). Besonders sei noch auf die Möglichkeit hingewiesen, auf farbigen oder schwarzen Gründen zu drucken. Mit Deckweiß versetzte Farben entwickeln auf dunklen Gründen eine starke Leuchtkraft.

Die Aufgaben sind geordnet nach dem Schwierigkeitsgrad der Druckart, d.h. nach der Herstellung der Druckstöcke (Schneiden der Gummistempel, Legen der Kordel beim Kordeldruck, Schneiden des Linols). Alle Aufgaben (ausgenommen Aufgabe 14) sind in allen Klassen bei entsprechendem Kenntnisstand durchführbar. Aufgabe 14 empfehle ich für die 4. Klasse.

Einige Hinweise zum Drucken: Die Kleidung sollte unempfindlich sein, obwohl hier nur wasserlösliche Farben verwendet wurden. Buchdruckerfarben sind möglich (Lösungsmittel: Terpentin), aber nicht für die Grundschule zu empfehlen. Um den Druck auf Papier aufzudrucken, haben wir zum Abreiben bei den Aufgaben 8, 1o, 12, 13 und 14 den Handballen benutzt. Hier kann man auch Falzbeine, Wellhölzer, Flaschen oder den Rücken eines Löffels verwenden, ausgenommen beim Polyblock-Druckverfahren, hier würde man das weiche Material des Druckstocks zusammenquetschen. Beim Besprechen und Entwerfen bedenken, daß Druckstöcke seitenverkehrt abdrucken! Wichtig bei Schrift und Zahlen. Es ist selbstverständlich, daß die Arbeitsplätze der Schüler eine Unterlage aus Zeitungspapier haben.

Druckplatz einrichten: Auf eine Lage Zeitungspapier, rechts: Platte mit Farbe und Walze, in der Mitte: sauberes Zeitungspapier zum Auflegen der Drucke (muß öfters ausgewechselt werden), links: der Stoß mit den unbedruckten Papieren. Auf freien Tischen die fertigen

Drucke zum Trocknen dicht nebeneinander legen, nicht aufeinander. Die Walze soll gleichmäßig mit Farbe eingewalzt sein und soll ganz durchgedreht werden. Sonst ergibt es ungleichmäßige Drucke. Nicht zu viel Farbe auf die Glasplatte geben. Statt Glasplatten kann man auch Plexiglasplatten benutzen, wie sie zum Glasmalen angeboten werden oder Resopalbrettchen. Um "mittig" zu drucken, kann man auf dem Druckplatz eine Art Schablone vorzeichnen, indem man die Ecken des Druckstocks und die Ecken des zu bedruckenden Papiers auf der Unterlage vorzeichnet.
Fertige Drucke werden bezeichnet mit Namen und Alter. Bei einer größeren Auflage kann man wie die "großen Künstler", die Anzahl der Drucke und die Reihenfolge angeben, z.B. 1/1o Linol "Die Katze", d.h. der 1. Druck von 1o Drucken eines Linolschnitts mit dem Thema Katze.

Bei der Lernzielkontrolle ist mehrmals: Sauberkeit des Drucks erwähnt. "Sauberes Drucken" ist eine Sache der Erziehung. Sind die Ergebnisse zufriedenstellend, macht das Drucken mehr Spaß. Das ist eine Art Aufschaukeln. Es soll keine Schikane sein. Als letztes möchte ich jeden Lehrer bitten, seine Aufgaben vorher selbst auszuprobieren, sonst kann man "kleine Wunder im Schulalltag" erleben, z.B. Material löst sich beim Kleben auf, Farbe haftet nicht auf Druckstock, Papiere sind zu klein für den vorbereiteten Druckstock ...
Ein weiteres Lernziel, bei den einzelnen Aufgaben aber nicht erwähnt, ist der cooperative Stempeltausch.

Bei der Bildbetrachtung und Lernzielkontrolle (bei jeder Arbeit unbedingt nötig!) zuerst gelungene Arbeiten und gelungene Teilstücke loben! Dann gemeinsam mit den Schülern berechtigte und erkennbare Kritik üben und gemeinsam Verbesserungsvorschläge machen. Nur so können bei der nächsten Arbeit Fehler vermieden und Fortschritte verzeichnet werden.
Weitere Techniken werden im Band 3 "Grafische Techniken" vorgestellt. Bei einigen Aufgaben beziehe ich mich auf den bereits erschienenen Band 1 "Grundkurs Deckfarben".

Allen Schülern und Lehrern wünsche ich viel Freude beim Arbeiten und Drucken und allen Lesern dieser Reihe vergnügliche Stunden.

Mannheim, im Mai 1981   Marianne Merz

Inhaltsverzeichnis

DRUCKTECHNIKEN	AUFGABE 1	3 UNTERRICHTSSTUNDEN	2. KLASSE

ARBEITSBEREICH: Grafik

ZIELE DES UNTERRICHTS NACH LEHRPLAN: Ordnen und Gruppieren: Gleiche Einzelfiguren als Bildelemente

LERNZIELE:
- Erkennen der Prinzipien einer Ordnung (Abstand, Richtung)
- Ableiten verschiedener Ordnungsprinzipien (Reihung, Ballung, Streuung)
- Beschreiben von Merkmalen einer Ordnung
- Finden von Beispielen für Gruppierungen aus der erfahrbaren Umwelt
- Erkennen von Bereichen unserer Umwelt mit Ordnungsprinzipien
- Erkennen und Beurteilen der Streuung und Ballung als Ordnungsprinzip
- Gestalterische Umsetzung im Daumendruck mit einer gleichen Einzelfigur

THEMA: Ein Schwarm Fische - Eine Menge Mäuse - Ein Flug Vögel

TECHNIK: <u>Daumendruck mit Filzstiften ergänzt</u>
Druckstock ist der Daumen. Die Farbe wird mit dem Pinsel auf den Daumen übertragen. Der Tierkörper wird gedruckt. Merkmale, wie Flügel, Flossen usw., werden additiv mit dem Filzstift gezeichnet.

UNTERRICHTSMITTEL:
Deckfarben
Borstenpinsel
Filzstifte
Zeichenpapier DIN A 4
Zeitungspapier

STUNDENVERLAUF:

<u>Erarbeiten der Ordnungsprinzipien im Klassengespräch</u>
- Spielen, Erkennen und Beschreiben der Ordnungsprinzipien und Gruppierungen: an einem Fahrkartenschalter (Reihung), im Kino (Flächenreihung), auf dem Bahnsteig (Streuung), Ameisen am abgenagten Apfel (Ballung)
- Weitere Ordnungen und Gruppierungen in unserer Umwelt finden (Turnriege, Soldatenkolonne, Dosen im Schaufenster, Versammlungen, Gedränge, Schulhof, Herden, Umzüge, Häuser, Pflanzen)

<u>Einführung in die Gestaltungsaufgabe</u>
- Erfinden von Motiven, die mit einem Daumendruck mit additiven Merkmalen (Flügel, Schwänzchen, Flossen, Beinchen, Augen, Schnabel) möglich sind (Maus, Vogel, Fisch, Schweinchen, Biene, Käfer, ...) in Klassenarbeit mit rund geschnittenem nassen Schwamm (als Daumendruck) und bunter Kreide an der Tafel
- Beschreiben eines Fischschwarms, eines Vogelzugs, einer Menge Mäuse

<u>Experimentierphase</u>
- Figuren erfinden (Farbe pastos mit Pinsel auf den Daumen übertragen)
- Hinzufügen der typischen Merkmale mit Filzstiften nach dem Trocknen
- Zwischenbesprechung: Motive geeignet? Farbauftrag? Erinnern an das Ordnungsprinzip

<u>Gestaltungsaufgabe</u>
- Drucken vieler gleicher Tierkörper in einem Ordnungsprinzip
- Nach dem Trocknen hinzufügen der Merkmale mit Filzstiften

LERNZIELKONTROLLE: Vergleichende Besprechung der Ergebnisse: Verbalisieren der gefundenen Ordnungen und Motive
Wo gibt es Ballung? Wo gibt es Streuung? Exaktheit der Ausführungen?

ERGÄNZENDE UND FÄCHERÜBERGREIFENDE PROJEKTE:
Bildbetrachtung: Pieter Bruegel d. Ä. "Die Kinderspiele", siehe Band 5, Aufgabe 8a
Aufgabe 9 (Gummidruck), Aufgabe 3 (Holzklötzchendruck), Aufgabe 8° (Fingerdruck, °in Band 1 Grundkurs Deckfarben

DAUMENDRUCK

Hier werden die Tierkörper mit dem Daumen gedruckt. Man kann auch der Zeigefinger nehmen oder bei anderer Themenstellung mehrere Finger in verschiedenen Farben gleichzeitig.

DRUCKTECHNIKEN	AUFGABE 2	3 UNTERRICHTSSTUNDEN	2. KLASSE

ARBEITSBEREICH: Grafik

ZIELE DES UNTERRICHTS NACH LEHRPLAN: Experimentelles Erproben grafischer Mittel

LERNZIELE: - Kennenlernen und Anwendung des Pappkantendrucks

THEMA: Kaktus

TECHNIK: Mischtechnik: Deckfarben und Pappkantendruck
Beim Pappkantendruck wird als Druckstock die Schnittkante von Pappstreifen benutzt.
Die Farbe wird mit dem Pinsel aufgetragen. Der Druckstock ist biegsam. Es können also auch "Kurven", gebogene Linien (siehe Aufgabe 3) gedruckt werden. Der Pappstreifen weicht mit der Zeit auf und knickt um. Er wird dann mit der Schere 1 cm gekürzt.

UNTERRICHTSMITTEL:
Deckfarben
Borstenpinsel
Kartonstreifen (Aktendeckel)
Zeichenblock DIN A 3
Zeitungspapier

STUNDENVERLAUF:

Einführung in die Gestaltungsaufgabe im Kreisgespräch
- Betrachten einer Kakteenpflanze (hier Trichocereus)
- Betrachten des Tontopfes
- Beschreiben der Form, der Stacheln, des Angewachsenseins, der Farbe, ...

Einführung in den Pappkantendruck
- Schneiden der Pappstreifen
- Experimentierphase auf Zeitungspapier. Hinweis: nicht zu fest aufdrücken, nur abdrucken

Gestaltungsaufgabe
- Malen der Kakteenpflanze mit Deckfarben in vielen Grüntönen und des Blumentopfes in Brauntönen
- Drucken der Stacheln mit Pappkantendruck (büschelweise), nicht malen
- Zwischenbesprechung während der Deckfarbenmalerei: Kaktus groß genug? Viele Braun- und Grüntöne?
- Zwischenbesprechung während des Pappkantendrucks: Hängen die Stacheln in der Luft? Büschelweise? Wo muß der Pappstreifen gekürzt werden?

LERNZIELKONTROLLE:
Gemeinsames Betrachten:
Farben? Form? Stacheln?
Wer ist beim Drucken mit dem Streifen ausgerutscht?
Warum? Wo hat die Geduld gefehlt?

ERGÄNZENDE UND FÄCHERÜBERGREIFENDE PROJEKTE:
Musterspiele mit Kreisen (Druck mit Papprollen von Haushaltpapier), Aufgabe 3 (Heidelbeerstrauch)
Aufgaben 6°, 7°, 11° (Grün mischen), °in Band 1 Grundkurs Deckfarben

PAPPKANTENDRUCK

Die Stacheln entstehen durch den Abdruck von Papp-streifen-Kanten. Hiermit können auch sehr dekorative Architekturgebilde entstehen.

DRUCKTECHNIKEN	AUFGABE 3 — 4 - 5 UNTERRICHTSSTUNDEN — 4. KLASSE
ARBEITSBEREICH:	Grafik
ZIELE DES UNTERRICHTS NACH LEHRPLAN:	Ordnen und Gruppieren, gleiche Einzelfiguren als Bildelemente
LERNZIELE:	- siehe Aufgabe 1 - Erkennen und Beschreiben des Ordnungsprinzips Streuung (Heidelbeeren) - Erkennen und Beschreiben des Ordnungsprinzips Reihung (Äste) - Anwendung des Korkdrucks - Anwendung des Pappkantendrucks
THEMA:	Heidelbeerstrauch
TECHNIK:	<u>Mischtechnik: Pappkantendruck und Korkdruck</u> <u>Korkdruck</u> Aus einem Korken sind viele Formen möglich: rund (Kreis), halbiert (Halbrund), geviertelt (Segment), längs halbiert (Rechteck). Die Farbe wird mit dem Pinsel auf den Korken übertragen. Der Abdruck ist besonders strukturiert und deshalb sehr reizvoll. Mißlungenen Stempeldruck nicht mit dem Pinsel nachmalen, sondern nochmals überdrucken <u>Pappkantendruck</u> siehe Aufgabe 2
UNTERRICHTSMITTEL:	Je Schüler mindestens zwei Korken Deckfarben Borstenpinsel Zeichenblock DIN A 3 Pappstreifen Scharfe Messer Zeitungspapier
STUNDENVERLAUF:	<u>Einführung in die Gestaltungsaufgaben im Kreisgespräch</u> - Hinweis auf Aufgabe 1 (Ordnungsprinzipien): Reihung, Ballung, Streuung - Beschreiben eines Heidelbeerstrauchs: Wie sind die Äste gewachsen? Wo haften die Blätter? Wie sind die Beeren verteilt? Wie könnte man den Strauch drucken? Hinweis auf verschiedene Formen des Korkens - Demonstration mit Kork: Farbe mit Pinsel auf Kork übertragen - drucken - Demonstration mit Pappstreifen: Farbe mit Pinsel auf Pappkante übertragen - drucken - Schneiden der Korken (oder: Korkstempel sind vom Lehrer vorbereitet) - Experimentierphase: Drucken auf Zeitungspapier <u>Gestaltungsaufgabe</u> - Im Pappkantendruck (Pappstreifen) Äste drucken (Reihung) - Im Korkdruck (halbe Korken) Blätter dazu drucken - Heidelbeeren (ganze Korken) im Prinzip der Streuung in den Farben blau bis lila aufdrucken
LERNZIELKONTROLLE:	Gemeinsames Betrachten der Arbeiten: Sieht man, wie die Äste gewachsen sind? Sind die Beeren über den Strauch "gestreut"? Wie sind die Blätter gedruckt? Raumaufteilung?
ERGÄNZENDE UND FÄCHERÜBERGREIFENDE PROJEKTE:	Stoffdruck im Textilen Werken Aufgabe 1 (Daumendruck), Aufgabe 7 (Kartoffeldruck), Aufgabe 9 (Gummistempeldruck)

KORKDRUCK

Die Heidelbeeren werden mit Korken gedruckt. Ein anderes Thema: "Rote Blüten im Urwald versteckt".

DRUCKTECHNIKEN	AUFGABE 4	3 - 4 UNTERRICHTSSTUNDEN	4. KLASSE

ARBEITSBEREICH:	Grafik
ZIELE DES UNTERRICHTS NACH LEHRPLAN:	Artikulation und Differenzierung von Zeichen: grafisch differenzierte Einzelfiguren in einem gegenseitigen Beziehungsgefüge ordnen und gruppieren
LERNZIELE:	- Finden von Möglichkeiten, aus verschieden großen Rechtecken, Quadraten und Kreisen eine Schlange darzustellen (mit Überschneidungen) - Erkennen des Ordnungsprinzips "Reihe" (siehe Aufgabe 1 und Aufgabe 9) - Drucken einer Schlange nach einer selbst gefundenen Druckregel - Kennenlernen und Anwenden des Holzklötzchendrucks
THEMA:	Schlangen
TECHNIK:	<u>Druck mit Holzklötzchen</u> Zum Drucken werden Holzklötzchen benutzt (Reststücke aus der Schreinerei, Parkettabfälle, Besenstielstücke usw.). Sie sind dauerhaft, wiederverwendbar und ergeben einen interessanten Stempelabdruck. Die Farbe wird mit dem Borstenpinsel aufgetragen. Sie soll dick und pastos sein. Vor dem Übereinanderdrucken muß die erste Schicht trocken sein. Mißlungene Stempeldrucke <u>nicht</u> mit dem Pinsel nachmalen, sondern nochmals überdrucken
UNTERRICHTSMITTEL:	Deckfarben Deckweiß Borstenpinsel Je Schüler 3-4 Holzklötzchen (Querschnitt quadratisch, rechteckig, rund) Schwarzer Fotokarton 5o x 35 cm Zeitungspapier
STUNDENVERLAUF:	<u>Experimentierphase</u> - Druckregeln finden für Schlange aus mehreren Formen mit Überschneidung - Beurteilen und verbalisieren der Druckregeln für eine Reihe (Schlange) <u>Gestaltungsaufgabe</u> - Formatfüllendes Drucken von ein oder zwei Schlangen ohne Vorzeichnen - Muster überdrucken erst nach dem Trocknen
LERNZIELKONTROLLE:	Vergleichende Besprechung der Ergebnisse: Verbalisieren der gefundenen Druckregeln Beurteilen der Exaktheit der Drucke Einteilung des Formats? Farbgebung?
ERGÄNZENDE UND FÄCHERÜBERGREIFENDE PROJEKTE:	Aufgabe 1 (Daumendruck), Aufgabe 9 (Gummistempeldruck) Aufgabe 5a (Druck mit Schaumstoff) in Band 5

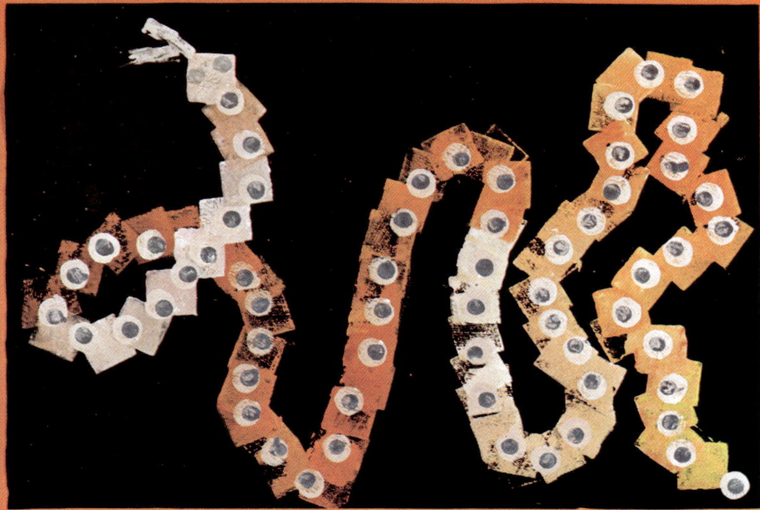

DRUCK MIT
HOLZKLÖTZCHEN

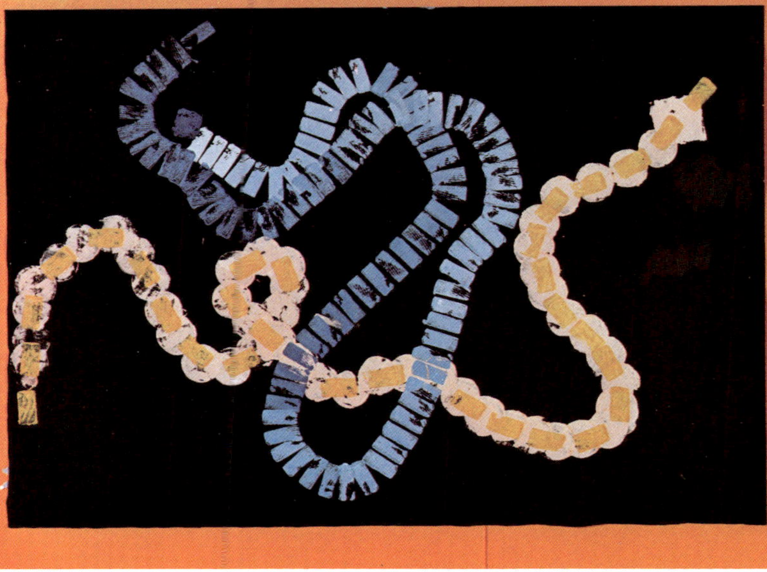

DRUCKTECHNIKEN	AUFGABE 5	1 - 2 UNTERRICHTSSTUNDEN	2. KLASSE

ARBEITSBEREICH: Grafik

ZIELE DES UNTERRICHTS NACH LEHRPLAN: Experimentelles Erproben grafischer Mittel
Form - Grund - Beziehung

LERNZIELE:
- Experimentelles Erarbeiten von Strukturen
- Beschreiben der Fellstruktur eines Teddys
- Erproben und Erlernen einer Druckart mit Weidenkätzchen
- Flächenfüllendes Einsetzen einer Figur in einen Rahmen

THEMA: Mein Teddy im Karton

TECHNIK:

Druck mit Weidenkätzchen

Als Druckstock dienen Weidenkätzchen, die mit Daumen und Zeigefinger gehalten und wie kleine Stempel benutzt werden. Es soll nicht gemalt werden, sondern ein Farbtupfen soll neben den anderen "gedruckt" werden.

Viel Farbe nehmen, wenig Wasser. Halbtrocken drucken, damit die Struktur der Kätzchen zur Geltung kommt: nach Einfärben zunächst auf Zeitungspapier drucken, damit ein zu sattes Druckbild vermieden wird.

UNTERRICHTSMITTEL:
Teddybären
Weidenkätzchen
Deckfarben
Borstenpinsel
Zeichenpapier DIN A 4
Zeitungspapier

STUNDENVERLAUF:

Einführung in die Drucktechnik im Kreisgespräch
- Betrachten, streicheln, beschreiben der Teddybären (Form, Farbe, Binnendifferenzierung, Schnäuzchen, Augen, Pfoten, Fell)
- Vormachen, wie man mit Weidenkätzchen drucken kann
- Experimentierphase auf Zeitungspapier (Einzelarbeit)

Gestaltungsaufgabe
- Mit dem Borstenpinsel den Rand des Kartons malen
- Mit den Weidenkätzchen die äußere Begrenzung des Teddys drucken
- Mit verschiedenen braunen Farbabstufungen den Körper ausstempeln, gegebenenfalls äußere Begrenzung verändern (vergrößern)
- Zuletzt Augen, Schnäuzchen, Nase

LERNZIELKONTROLLE:
Gemeinsames Betrachten der Teddybär-Bilder
Fellstruktur? Schachteln ausgefüllt? Wo ist das Fell besonders schön?
Wer hat "gemalt" anstatt gedruckt?

ERGÄNZENDE UND FÄCHERÜBERGREIFENDE PROJEKTE:
Dekorativer Druck mit Weidenkätzchen auf Ostereiern
Gestaltung von Tischkarten für Kindergeburtstag
Aufgabe 7 (Kartoffeldruck), Aufgabe 9 (Gummistempeldruck)
Aufgabe 8° (Fingerdruck), Aufgabe 15° (Braun mischen),
°in Band 1 Grundkurs Deckfarben

DRUCK MIT WEIDENKÄTZCHEN

Das Fell wird mit Weidenkätzchen sehr naturgetreu gedruckt. Auch Ostereier kann man damit verzieren.

DRUCKTECHNIKEN	AUFGABE 6	3 UNTERRICHTSSTUNDEN	4. KLASSE

ARBEITSBEREICH:	Grafik
ZIELE DES UNTERRICHTS NACH LEHRPLAN:	Ordnen und Gruppieren: Gleiche Einzelfiguren als Bildelemente. Experimentelles Erproben grafischer Mittel
LERNZIELE:	- Entwickeln einer Stadtsilhouette aus geometrischen Formen (Dreiecken, Rechtecken, Quadraten) - Schwerpunktmäßiges Einsetzen der Türme - Kennenlernen und Anwenden des Schwammdrucks
THEMA:	Gelbe Stadt
TECHNIK:	<u>Schwammdruck</u> Als Druckstock dienen Natur- oder Kunstschwämme, die in beliebige Formen geschnitten werden können. Die Farbe wird mit dem Pinsel aufgetragen, das Motiv wie ein Stempel abgedruckt. Der Abdruck kann beliebig oft wiederholt, nebeneinander oder übereinander gedruckt werden. Die Farbe muß gut dosiert sein, nicht zu viel, nicht zu wenig. Bei dieser Aufgabe wurden flache Schaumstoffstücke verwendet. Die Eigenart des Schwammdrucks ist die "poröse" Oberfläche. Die Schwämme können immer wieder im Unterricht eingesetzt werden. Dann erübrigt sich das Zurechtschneiden.
UNTERRICHTSMITTEL:	Schaumstoffstücke Deckfarben Borstenpinsel Zeichenblock DIN A 3 1 Bild im Schwanndruck Zeitungspapier Scheren zum Schneiden der plattenförmigen Schaumstoffstücke
STUNDENVERLAUF:	<u>Einführung in den Schwammdruck im Kreisgespräch</u> - Zeigen eines Schwammdrucks - Erraten und beschreiben des Druckstocks - Experimentierphase: Drucken mit Schwämmen auf Zeitungspapier (Einzelarbeit) <u>Gestaltungsaufgabe</u> - Beschreiben eines Stadtbildes mit Häusern und Türmen (Form, Lage, Menge, Höhe der Gebäude) - Zurechtschneiden der Schwämme in Quadrate, Rechtecke, Dreiecke - Selbstständiges Drucken einer Stadt in gelben Tönen
LERNZIELKONTROLLE:	Vergleichendes Betrachten der Arbeitsergebnisse: Formen der Häuser und Türme? Aufgelockertes Stadtbild? Türme schwerpunktmäßig eingesetzt? Farbauftrag? Sauberkeit des Drucks?
ERGÄNZENDE UND FÄCHERÜBERGREIFENDE PROJEKTE:	Bildbetrachtung: Klee: "Städtebild mit rot - grünen Accenten" Große Kulissen zum Theaterspiel, gedruckt mit Tafelschwämmen

SCHWAMMDRUCK

Die gelbe Stadt wurde mit Schwämmen gedruckt.
Wie wär's mit einem dunklen Hintergrund und deckweiß-vermischten Farben?

DRUCKTECHNIKEN	AUFGABE 7 · 3 - 4 UNTERRICHTSSTUNDEN · 2. KLASSE
ARBEITSBEREICH:	Grafik
ZIELE DES UNTERRICHTS NACH LEHRPLAN:	Form - Grund - Beziehung: Innen- und außenräumlich beurteilte grafische Figur
LERNZIELE:	- Finden einer Form für ein großes, graues Tier - Darstellen der Form in einem Mosaik - Erkennen der additiven Arbeitsweise - Erkennen, daß zwischen den einzelnen Abdrucken ein kleiner Zwischenraum sein muß - Erkennen, daß der Stempel seine Richtung verändern kann (im Gegensatz zu Aufgabe 9) - Anwendung des Kartoffeldrucks
THEMA:	Ein großes, graues Tier (Elefant, Nashorn) in einem Mosaik
TECHNIK:	<u>Kartoffeldruck</u> Druckstock ist eine rohe Kartoffel, die in eine beliebige Form geschnitten werden kann. Hier wurden Kartoffelstäbchen verwendet, die mit einem Pommesfrites-Schneider im Hau-Ruck-Verfahren für die ganze Klasse im Nu geschnitten sind. Die Farbe wird mit dem Pinsel auf die Kartoffelfläche übertragen. Die Schnittfläche muß eben, der Stempelrand beim Drucken sauber sein.
UNTERRICHTSMITTEL:	Rohe Kartoffeln, gewaschen - Pommesfrites-Schneider - Deckfarben mit Deckweiß - Borstenpinsel - Zeichenblock DIN A 3 - Bilder von Elefanten und Nashörnern - Möglichst großformatige Darstellung eines Mosaiks als Beispiel - Zeitungspapier - Bleistifte
STUNDENVERLAUF:	<u>Einführung in die Gestaltungsaufgabe</u> - Betrachten und beschreiben eines Mosaiks im Kreisgespräch (Form, Hintergrund, Druckregeln suchen) - Hinweis auf Richtung des Stempels und Abstand der einzelnen Stempelflächen - Beschreiben und betrachten von großen, grauen Tieren - Hinweis auf möglichst verschiedene graue und blaue Farbtöne - Kurze Experimentierphase auf Zeitungspapier in Einzelarbeit <u>Gestaltungsaufgabe</u> - Vorzeichnen der Außenform mit Bleistift - Zwischenbesprechung: Tier in der Mitte? Es muß ringsherum Platz bleiben - Drucken der Außenform des Tiers - Füllen der Form in Reihen, der Form entsprechend in verschiedenen Grautönen - Drucken oder überdrucken der Ohren und Augen - Ausfüllen des Grundes in blauen Farbtönen in Reihen
LERNZIELKONTROLLE:	Gemeinsames Betrachten der Mosaik-Tiere: Größe? Graue Farbtöne? Blaue Farbtöne? Abstand der einzelnen Stempeldrucke? Richtung der Stempeldrucke? Hintergrund?
ERGÄNZENDE UND FÄCHERÜBERGREIFENDE PROJEKTE:	Bildbetrachtung von Tiermosaiken aus Palermo und Piazza Armerina (Sizilien) oder Köln (Römisch-Germanisches Museum), Aufgabe 9 (Gummistempeldruck), Aufgabe 14° (Grau mischen), ° in Band 1 Grundkurs Deckfarben **Tiermotive im Kartoffel-Mosaik-Druck auf T-Shirts oder Umhängetaschen**

KARTOFFELDRUCK

Kartoffelstempel eignen sich auch für Stoffdrucke, nur ist die Haltbarkeit der Stempel begrenzt.

DRUCKTECHNIKEN	AUFGABE 8 — 3 - 4 UNTERRICHTSSTUNDEN — 3. KLASSE
ARBEITSBEREICH:	Grafik
ZIELE DES UNTERRICHTS NACH LEHRPLAN:	Ordnen und Gruppieren gleicher Bildelemente
LERNZIELE:	- Ordnen von Hausformen, so daß ein Stadtbild entsteht - Finden von verschiedenen Formen für Haus, Dach, Türen, Fenster - Kennenlernen und Anwenden des Kartondrucks
THEMA:	Stadt in der Nacht
TECHNIK:	<u>Kartondruck</u> Der Druckstock besteht aus einer festen Unterlage, die mit mehreren Schichten Karton (Aktendeckel) beklebt ist. Kleber gut trocknen lassen, sonst lösen sich die einzelnen Teile beim Einwalzen oder beim Drucken. Eingefärbten Druckstock auf sauberes Zeitungspapier legen, Schreibmaschinenpapier auflegen, mit dem Handballen abreiben, vorsichtig abziehen. Sauber kleben, sonst drucken die Klebereste Einrichtung des Druckplatzes siehe Einleitung
UNTERRICHTSMITTEL:	Karton zum Aufkleben DIN A 5 (z.B. Rücken von Zeichenblöcken) Aktendeckel Scheren Kleber Japan Aqua Glasplatten zum Auftragen der Farbe Gummiwalzen Schreibmaschinenpapier 1 Bild im Kartondruck und 1 dazugehöriger Druckstock Zeitungspapier
STUNDENVERLAUF:	<u>Erarbeiten der Merkmale des Kartondrucks im Kreisgespräch</u> - Beschreiben der formalen Merkmale eines Pappdrucks (helle Ränder, scharfe Kanten, ...) - Beschreiben des Druckstocks eines Kartondrucks <u>Einführung in die Gestaltungsaufgabe</u> - Erkennen des Aufbaus 1.Schicht: große Häuser im Hintergrund 2.Schicht: kleine Häuser im Vordergrund 3.Schicht: Fenster, Türen, Uhr, ... - Beschreiben von Hausformen, Fensterformen, Formen für Türen, ... <u>Gestaltungsaufgabe</u> - Motive ohne vorzuzeichnen ausschneiden und sauber aufkleben - Zwischenbesprechung: Wo hängen die Häuser in der Luft? Warum? Wo sind Lücken? Wo und wie können wir verbessern? - Selbständiges Drucken - Schablone zum mittigen Drucken siehe Einleitung
LERNZIELKONTROLLE:	Vergleichendes Betrachten der Drucke: Farbauftrag? Hausformen? Türformen? "Mittiges" Drucken? Sauberkeit des Drucks?
ERGÄNZENDE UND FÄCHERÜBERGREIFENDE PROJEKTE:	Bildbetrachtungen von Städtebildern Aufgabe 15 (Frottage)

KARTONDRUCK

Für diesen Druck eignen sich Themen mit vielen gleichen Einzelfiguren, wie Herden oder Menschenansammlungen. Hier können auch Stempel unter den Schülern getauscht werden.

DRUCKTECHNIKEN	AUFGABE 9 — 3 UNTERRICHTSSTUNDEN — 3. KLASSE
ARBEITSBEREICH:	Grafik
ZIELE DES UNTERRICHTS NACH LEHRPLAN:	Ordnen und Gruppieren: Gleiche Einzelfiguren als Bildelemente
LERNZIELE:	- Regelmäßige Ordnungsprinzipien für Reihen mit einem quadratischen Stempel finden, ohne Drehung des Stempels, ohne übereinander zu drucken - Gesetzmäßigkeit der Musterbildung finden (Abstand, Richtung, Häufigkeit) - Ordnungen für 1 Reihe finden: ooo ooo ooo oo o oo o oo oooooo - Ordnungen für 2 Reihen finden:  - Ordnungen für 3 Reihen finden:  - Beschreiben, Beurteilen der Ordnungen - Finden von Beispielen in unserer Umwelt - Gestalterische Auseinandersetzung mit dem Ordnungsprinzip Reihe mit einem Gummistempel
THEMA:	Wir entwerfen eine Musterreihe für ein T-Shirt, für ein Set, ...
TECHNIK:	<u>Druck mit Gummistempeln aus Radiergummis</u> Der Druckstock besteht aus einem Radiergummi. Er ist stabil, immer wieder verwendbar und ergibt einen satten Abdruck. Viele Formen sind möglich. Der Radiergummi kann zurechtgeschnitten werden in Motive wie Sterne, Halbmonde, ... Die Farbe wird mit dem Haarpinsel aufgetragen, nicht zuviel, nicht zuwenig. Der Rand muß sauber sein. Stempel gleichmäßig aufdrücken, nicht zu fest drücken, sonst rutscht der Gummistempel aus. Ist ein Abdruck zu schwach, kann sorgfältig überdruckt werden. Im Handel gibt es Gummistempel in verschiedenen Motiven. Hier wurde ein Radiergummi in kleine quadratische Stücke geteilt.
UNTERRICHTSMITTEL:	Radiergummis mit quadratischem Querschnitt (ca. 1 x 1 cm) - Deckfarben - Haarpinsel - Schreibmaschinenpapier - Bierdeckel (quadratisch, 1oo Stück oder mehr) - Zeitungspapier
STUNDENVERLAUF:	<u>Einführung in die Gestaltungsaufgabe im Kreisgespräch</u> - Bilden von einfachen Reihen (mit Kindern, Stühlen, Bierdeckeln, enge, weite, wechselnde Abstände) - Bilden von Ordnungsprinzipien für 2 Reihen mit den Bierdeckeln auf dem Fußboden - Bilden von Ordnungsprinzipien für 3 Reihen mit den Bierdeckeln auf dem Fußboden - Erkennen, beurteilen, beschreiben der gefundenen Prinzipien <u>Gestaltungsaufgabe</u> - Schreibmaschinenpapier dreimal, jeweils halbierend falten, so daß 7 Falze entstehen als Grundlinien für die Druckreihen - Drucken einer einfachen Reihe - Drucken einer Doppelreihe - Drucken von dreireihigen Mustern für das T-Shirt in einer Farbe Hinweis auf Farbauftrag und Faltlinie als Anhaltspunkt
LERNZIELKONTROLLE:	Vergleichende Betrachtung der Musterreihen: Verschiedenheit der Reihen? Wirkung? Exaktheit? Verbalisieren der Druckregeln
ERGÄNZENDE UND FÄCHERÜBERGREIFENDE PROJEKTE:	Werkbetrachtung: Handdrucke, Industriedrucke Bedrucken eines T-Shirt oder Sets mit Stoffarben im Textilen Werken Aufgabe 1 (Daumendruck), Aufgabe 7 (Kartoffeldruck)

DRUCK MIT GUMMISTEMPEL
Gummistempel sind immer wieder einsetzbar und aus Radiergummis oder Bodenplatten mit entsprechendem Untergrund leicht herstellbar.

DRUCKTECHNIKEN	AUFGABE 1o	4 UNTERRICHTSSTUNDEN	3. KLASSE

ARBEITSBEREICH: Grafik

ZIELE DES UNTERRICHTS NACH LEHRPLAN: Experimentelles Erproben grafischer Mittel

LERNZIELE:
- Erkennen, Erproben und Beurteilen von Zeichen zur Artikulation einer Figur
- Finden und Beurteilen von Strukturen durch experimentelles Erproben
- Erkennen und Beurteilen von Strukturen nach charakteristischen Merkmalen
- Finden und Zuordnen vorgegebener Strukturen zu einem Kompositionsgefüge
- Beurteilen und Gestalten einer Einzelfigur
- Verbalisieren der Erfahrungen aus dem Gestaltungsprozeß

THEMA: 1ooo Muster für den Königsmantel

TECHNIK: Materialdruck
Als Druckstock dienen verschiedene Materialien (Rupfen, Netze, Vorhangstoffe, Wellpappe, Spitzen, Relieftapeten, Cord, Tortendeckchen, ...), die in kleinen Stückchen auf einen Karton geklebt werden.
Die Materialien müssen vor dem Drucken gut angetrocknet sein.
Einrichtung des Druckplatzes siehe Einleitung.

UNTERRICHTSMITTEL: Rupfen, Netze, Vorhangstoffe, Wellpappe, Spitzen, Relieftapeten, Cord, Tortendeckchen, ...
Pappe zum Aufkleben DIN A 4
Bleistifte und Kleber
Scheren
Japan Aqua
Glasplatten zum Auftragen der Farbe
Gummiwalzen
Druckpapier DIN A 3
Zeitungspapier

STUNDENVERLAUF: Einführung in die Gestaltungsaufgabe
- Erzählung eines Minimärchens: Es war einmal ein König. Er war ein großer Sammler von Mustern, und er hatte schon 999 verschiedene, die alle in seinen Königsmantel eingearbeitet waren. Er ließ verkünden, daß derjenige, der das 1ooo. Muster findet, sein Königreich erben würde.
- Experimentierphase: selbständiges Drucken von Strukturen mit kleinen Stücken

Gestaltungsaufgabe
- Beschreiben eines Königs mit Patchwork - Mantel
- König ohne Binnendifferenzierung im Umriss vorskizzieren
- Stücke aus den Materialien schneiden, einpassen, aufkleben, Kleber trocknen lassen
- Selbständiges Drucken auf Druckpapier DIN A 3
- Schablone zum mittigen Drucken siehe Einleitung

LERNZIELKONTROLLE: Vergleichende Betrachtung der Ergebnisse: Viele Muster? Druckzustand?
Kann man erkennen, daß ein König gemeint ist?
Wirkung der verschiedenen Musterstückchen?

ERGÄNZENDE UND FÄCHERÜBERGREIFENDE PROJEKTE:
Bildbetrachtung: Dürer "Rhinocerus",
Aufgabe 15 (Frottage)

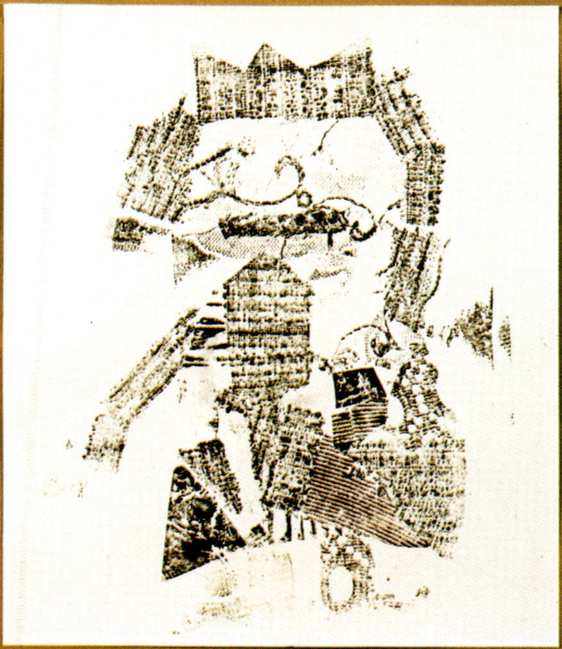

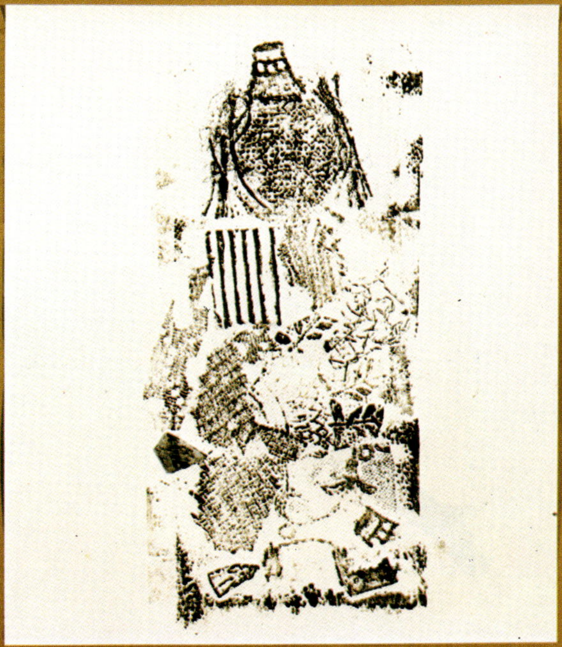

MATERIALDRUCK

Der König wird aus vielen verschiedenen Materialien gedruckt. Geeignet sind: strukturierte Stoffe und Tapeten, getrocknete Blätter und Gräser, Hanf, Sisal und Kordelgeflechte, Spitzenborten und Tortendeckchen, Gestricktes, Gewirktes usf.

DRUCKTECHNIKEN	AUFGABE 11 — 3 - 4 UNTERRICHTSSTUNDEN — 2. KLASSE
ARBEITSBEREICH:	Grafik
ZIELE DES UNTERRICHTS NACH LEHRPLAN:	Ordnen und Gruppieren: Viele Einzelfiguren als Bildelemente. Experimentelles Erproben grafischer Mittel
LERNZIELE:	- Organisieren von Flächen in unregelmäßiger Reihung - Entwickeln von verschiedenen Formen für "Auto" im Profil - Schneiden einer Negativ-Schablone - Gestalterische Umsetzung im Spritzdruck
THEMA:	Eine belebte Autostraße (Gemeinschaftsarbeit)
TECHNIK:	<u>Spritzdruck oder Schablonendruck</u> Als Schablone bezeichnen wir eine aus dünner Pappe geschnittene Form, die wie ein Stempel dazu dient, in beliebiger Wiederholung ein Motiv aufzuspritzen. Positiv-Schablone: Die Umgebung wird abgebildet. Negativ-Schablone: Das Motiv wird abgebildet. Schablone auflegen, eine mit Farbe getränkte Zahnbürste etwa 5 - 1o cm darüber halten, mit dem Daumen über die nach unten zeigenden Borsten streichen oder die Bürste über ein Spritzsieb streichen. Die zurückschnellenden Borsten schleudern die Farbe auf das Arbeitsblatt. Bei Farbwechsel Bürste reinigen. Bei Überlagerung der Spritzdrucke untere Farbschicht trocknen lassen. Die Farbtröpfchen sollten nicht zu dünn gestreut sein. Schablone kann mit Stecknadeln festgesteckt werden.
UNTERRICHTSMITTEL:	Aktendeckel Scheren je Schüler 1 alte Zahnbürste Deckfarben Tapetenbahnen Zeitungspapier Spritzsiebe
STUNDENVERLAUF:	<u>Einführung in den Spritzdruck</u> - Vorführen des Vorgangs (nebeneinander, überdeckend, Positiv-Schablone, Negativ-Schablone) - Experimentierphase auf Zeitungspapier mit einfachen Motiven (Kreis, Rechteck) <u>Gestaltungsaufgabe</u> - Beschreiben einer belebten Autostraße (Fahrzeuge, Dichte, Abstand, Überholvorgang) - Entwerfen eines Automobils von der Seite (Größe vorgeben, damit die Fahrzeuge beim Druck zusammenpassen) - Ausschneiden der Schablone, so daß zwei Teile entstehen: Auto und Negativ-Schablone. Das Auto dient beim zweiten Arbeitsgang als Schablone für die Fenster - Probedruck auf Zeitung - Abdrucken auf Tapetenbahn in Gruppenarbeit - Überdrucken der Fenster mit Negativ-Schablone für Fenster aus dem ausgeschnittenen Auto
LERNZIELKONTROLLE:	Gemeinsames Betrachten der Arbeiten: Formen der Automobile? Einsetzen der Fenster? Dichte des Verkehrs? Druckfolge? Sauberkeit des Drucks?
ERGÄNZENDE UND FÄCHERÜBERGREIFENDE PROJEKTE:	Themen der Verkehrserziehung

SPRITZDRUCK

Beim Spritzen muß man aufpassen, daß das Ergebnis nicht zu zart und mager aussieht: Also tüchtig spritzen!

DRUCKTECHNIKEN	AUFGABE 12	3 UNTERRICHTSSTUNDEN	3. KLASSE

ARBEITSBEREICH:	Grafik
ZIELE DES UNTERRICHTS NACH LEHRPLAN:	Erfinden von Formen, Artikulation und Differenzierung von Zeichen: Grafisch differenzierte Einzelfigur.
LERNZIELE:	- Finden einer Form für Schmetterling - Binnengliederung einer Großform mit einer Linie ohne Überschneidung - Kennenlernen und Ausführen des Kordeldrucks
THEMA:	Schmetterling
TECHNIK:	<u>Kordeldruck</u> Druckstock ist ein mit Kordel beklebter Karton. Auf dem Druck sollten die Spuren der gedrehten Kordel sichtbar sein. Es ist möglich, mit verschieden gedrillten Kordeln zu arbeiten. Ein fester Karton wird mit zähflüssigem Tapetenkleister <u>dick</u> bestrichen. Die Kordel wird ornamental darauf eingedrückt. Überschneidungen sind nicht erlaubt (Druckebene). Auch ein Durchtrennen der Kordel sollte nicht die Regel sein. Nach dem Trocknen (mindestens ein Tag) Druckstock mit Japan Aqua einwalzen, abdrucken. Schablone zur Erleichterung des Druckvorgangs siehe Einleitung.
UNTERRICHTSMITTEL:	Nicht zu stark gedrillte Kordel (pro Schüler 2-3 m) Tapetenkleister (dickflüssig angerührt) Fester Karton (z.B. Zeichenblockrückwand) zum Aufkleben DIN A 5 - Japan Aqua - Glasplatten zum Auftragen der Farbe - Gummiwalzen - Scheren - Schreibmaschinenpapier DIN A 4 - ein ausgeführter Kordeldruck - ein Druckstock eines Kordeldrucks - Zeitungspapier
STUNDENVERLAUF:	<u>Erarbeiten der Merkmale des Kordeldrucks im Kreisgespräch</u> - Zeigen eines Kordeldrucks (Abdruck der gedrillten Schnur gut sichtbar) - Finden und klären, wie er entstanden ist - Hinweis auf Schnurabdruck, Überschneidungen, Formelemente <u>Einführung in die Gestaltungsaufgabe</u> - Betrachten von Bildern von Schmetterlingen - Beschreiben der Form der Flügel, der Fühler, des Körpers - Hinweis auf Symmetrie - Finden von Binnendifferenzierungen: Spirale, Oval, Mäander <u>Gestaltungsaufgabe</u> - Einstreichen des Kartons mit viel Kleister - Legen des Schmetterlingsumrisses mit der Kordel ohne vorzuzeichnen - Binnendifferenzierung mit Mustern - Zwischenbesprechung: zu viel - zu wenig Kleister? Eignung der Muster? Formatfüllend? Überschneidungen? - Nach dem Trocknen des Druckstocks selbständiges Drucken - Eventuell losgelöste Kordelteile vor dem Drucken mit Kleber befestigen
LERNZIELKONTROLLE:	Vergleichende Betrachtung der Kordeldrucke: Verschiedenheit der Schmetterlingsformen? Wirkung der Muster? Erkennen der Schnur - Spur? Symmetrie? Druckzustand?
ERGÄNZENDE UND FÄCHERÜBERGREIFENDE PROJEKTE:	Druck als Stoffdruck auf T-Shirt im Textilen Werken Schmetterlinge im Sachunterricht Aufgabe 15 (Frottage)

KORDELDRUCK

Hier kann auch gleichzeitig mit verschiedenen Kordeln gedruckt werden: dabei auf die Druckebene achten.

DRUCKTECHNIKEN	AUFGABE 13 · 3 UNTERRICHTSSTUNDEN · 3. KLASSE
ARBEITSBEREICH:	Grafik
ZIELE DES UNTERRICHTS NACH LEHRPLAN:	Grafisch differenzierte Einzelfiguren in einem gegenseitigen Beziehungsgefüge: Artikulation von Bewegungsvorgängen.
LERNZIELE:	- Erarbeiten der Darstellung eines Radfahrers - Experimentelles Erarbeiten von Möglichkeiten, Bewegung (menschliche Gestalt und Wind, Regen, ...) darzustellen - Herstellen von Bezügen zwischen Strukturen und ihrer Erscheinung in unserer erfahrbaren Umwelt - Gestalterische Umsetzung im Polyblock - Druckverfahren
THEMA:	Ich fahre mit dem Fahrrad gegen den Wind
TECHNIK:	<u>Polyblock-Druckverfahren</u> Der Druckstock besteht aus einer Weichpolystyrol-Platte. In die glatte Oberfläche werden Linien, Flächen, Muster usw. mit Bleistift oder mit leergeschriebenen Kugelschreiber-Minen eingedrückt. Der Druckvorgang und die Wirkung entsprechen dem Linoldruck. Die Polyblock-Platten können mit der Schere in kleinere Stücke geschnitten werden. Durch Zerteilen der Platte sind auch mehrfarbige Drucke möglich. Nachteil: Die Platten sind nicht so stabil wie Linol. 1o - 4o Abdrucke sind möglich. Vorteil: Die Verletzungsgefahr durch Linolschnittwerkzeug ist ausgeschaltet. Einrichtung des Druckplatzes siehe Einleitung.
UNTERRICHTSMITTEL:	Polyblock-Platten (1 Platte ergibt 6 DIN A 6 Stücke) - Leergeschriebene Kugelschreiberminen - Bleistifte - Japan Aqua - Glasplatten zum Auftragen der Farbe - Walzen - Schreibmaschinenpapier - Zeitungspapier
STUNDENVERLAUF:	<u>Einführung in die Gestaltungsaufgabe im Kreisgespräch</u> - Pantomimisches Darstellen eines Radfahrers o Er fährt im Sonnenschein und pfeift sich eins o Er fährt gegen den Wind - Beschreibung der jeweiligen Haltung zum Fahrrad - Beschreibung eines Fahrrads und seiner Teile - Skizzieren eines Radfahrers mit Bleistift auf Papier DIN A 6 - Verschiedene Möglichkeiten für die Darstellung des Windes finden. Wie könnte man Regen (Nebel, Dunst, ...) darstellen? (Direkt durch Bewegungsspuren, indirekt durch Gegenstände: sich biegende Bäume, fliegende Blätter etc.). - Experimentelles Erarbeiten von Strukturen für Wind auf Polyblock-Reststücken mit Kugelschreiber - Drucken der Versuchsstücke - Verbalisieren der Ergebnisse <u>Gestaltungsaufgabe</u> - Auf Polyblock-Platte den Rand kennzeichnen (ca. 1 cm Abstand) - Gestalten des Radfahrers und des Hintergrundes (Wind) mit Kugelschreiber auf Polyblock ohne Vorzeichnung - Zwischenbesprechung: Rand? Format ausgefüllt? Haltung des Radfahrers? - Selbständiges Drucken auf Schreibmaschinenpapier (Schablone zum mittigen Drucken siehe Einleitung)
LERNZIELKONTROLLE:	Vergleichende Betrachtung der Drucke: Kann man erkennen, daß der Radfahrer gegen den Wind kämpft? Kann man den Wind sehen? Sauberkeit des Drucks?
ERGÄNZENDE UND FÄCHERÜBERGREIFENDE PROJEKTE:	Das Fahrrad im Sachunterricht Aufgabe 14 (Linoldruck)

POLYBLOCK-DRUCK

Ein herrliches Druckverfahren für die Schule, ähnlich dem Linoldruck. Die Verletzungsgefahr ist hier gebannt, weil nicht mit Messerchen gearbeitet wird.

DRUCKTECHNIKEN	AUFGABE 14	4 UNTERRICHTSSTUNDEN	4. KLASSE

ARBEITSBEREICH: Grafik

ZIELE DES UNTERRICHTS NACH LEHRPLAN: Form - Grund - Beziehung: Innen- und außenräumlich beurteilte grafische Figur

LERNZIELE:
- Kennenlernen und Anwendung des Linolschnitts
- Erkennen und Beschreiben, wie weiße Linien entstehen (Weißlinienschnitt: ausheben)
- Erkennen und Beschreiben, wie schwarze Linien entstehen (Schwarzlinienschnitt: beidseitig der Linien abtragen)
- Erkennen und Beschreiben, wie eine weiße Fläche entsteht (ausheben)
- Erkennen und Beschreiben, wie eine schwarze Fläche entsteht (um die Fläche herum abtragen)
- Erkennen und Beschreiben von Möglichkeiten für den Hintergrund
- Erkennen, daß der Druck spiegelverkehrt erscheint

THEMA: Katze

TECHNIK: Linoldruck. Als Druckstock dient Linoleum. Werkzeuge sind Linolschnittmesser, die es in verschiedenen Ausführungen gibt.
Linolplatten mit Vim reinigen (Wachsfilm entfernen). Das Motiv auf Papier entwerfen und mit Kohlepapier übertragen. Daran denken, daß der Druck spiegelverkehrt erscheint. In der Regel eignen sich "flächige Entwürfe". Als Faustregel gilt: zwei Drittel des Materials soll zum Druck stehen bleiben. Schnittkorrekturen sind nicht möglich. Um Verletzungen zu vermeiden, Messer stets flach und vom Körper weg führen. Grundregel: Immer von der Hand, die die Platte festhält, wegschneiden. Bei Richtungswechsel Linolplatte drehen. Bohrt sich das Messer in das Linol ein, Messer flacher führen; gleitet es aus, Messer steiler führen. Zum Drucken, Druckstock gleichmäßig mit Farbe einwalzen, auf Zeitungspapier legen, Druckpapier auflegen, mit Handballen oder Falzbein abreiben und vorsichtig abziehen. Einrichtung des Druckplatzes siehe Einleitung.

UNTERRICHTSMITTEL: Linoleum (pro Schüler 1 DIN A 6 großes Stück - Linolschnittmesser (Riller) Japan Aqua - Glasplatten zum Aufwalzen der Farbe - Gummiwalzen - Falzbeine Bleistifte - Papier DIN A 6 zum Skizzieren - Kohlepapier - Tesafilm - Postkarten - Beispiele von Linolschnitten - Zeitungspapier

STUNDENVERLAUF:
Einführung in die Gestaltungsaufgabe im Kreisgespräch
- Zeigen und vergleichen verschiedener Linolschnitte (Schwarzlinienschnitt, Weißlinienschnitt, Schwarzfigurenschnitt usw., viele Übergänge in der Schnittechnik möglich)
- Beschreiben der Linoldrucke, des Hintergrunds, einer Katze

Gestaltungsaufgabe
- Katze entwerfen auf Skizzenpapier DIN A 6, Rand stehen lassen
- Zwischenbesprechung: Rand? Formatfüllend? Überschneidungen? Katzenfigur typisch? Hintergrund?
- Katze mit Kohlepapier auf die Linolplatte übertragen (mit Klebeband festhalten) - Katze im Umriss schneiden
- Binnendifferenzierung der Katze: Flecken, Streifen, ...
- Hintergrund mit einer gleichgerichteten Struktur schneiden
- Selbständiges Drucken auf Postkarten (Schablone zum mittigen Drucken siehe Einleitung)

LERNZIELKONTROLLE: Vergleichende Betrachtung der Linoldrucke:
Farbauftrag? Hintergrund? Sauberkeit? Form der Katze? Binnengliederung?

ERGÄNZENDE UND FÄCHERÜBERGREIFENDE PROJEKTE:
Bildbetrachtung: Schmidt-Rottluff Holzschnitt "Katzen II"
Aufgabe 13 (Polyblock-Druck), Aufgabe 14 (Frottage)

LINOLDRUCK

Beim altbewährten Linoldruck sind viele Abdrucke möglich.

DRUCKTECHNIKEN	AUFGABE 15 1 - 2 UNTERRICHTSSTUNDEN 1. - 4. KLASSE
ARBEITSBEREICH:	Grafik
ZIELE DES UNTERRICHTS NACH LEHRPLAN:	Experimentieren und Verändern: Experimentelles Erproben grafischer Mittel
LERNZIELE:	- Herstellen einer Frottage - Sensibles Abreiben der Druckstöcke - Mehrfarbiges Abreiben der Druckstöcke - Mehrfarbiges, verschobenes Abreiben der Druckstöcke
THEMA:	Aufgabe 8, 1o, 12, 14
TECHNIK:	Frottage (Durchreibetechnik) Von festen Druckstöcken wie Kartondruck (Aufgabe 8), Materialdruck (Aufgabe 1o), Kordeldruck (Aufgabe 12) und Linoldruck (Aufgabe 14) ist eine Frottage möglich (vgl. das bekannte Durchreibeverfahren von Münzen). Die Kreiden werden waagrecht gelegt und gefühlvoll über das sorgfältig festgehaltene Papier gerieben. Vor dem Abheben kontrollieren. Gegebenenfalls schwache Stellen verbessern und markante Stellen hervorheben. Möglich sind mehrfarbige Frottagen und Frottagen mit mehrmals verschobenem Motiv.
UNTERRICHTSMITTEL:	Druckstöcke von Materialdruck, Kordeldruck, Kartondruck oder Linoldruck Wachskreiden, Rötel oder Graphitstifte Seidenpapier oder Schreibmaschinenpapier
STUNDENVERLAUF:	Einführung in die Gestaltungsaufgabe - Vorführen der Herstellung einer Frottage (Stift flach halten, ganz leicht beginnen, Konturen herausheben, Hintergrund gegebenenfalls nachträglich schwach anlegen) Gestaltungsaufgabe - mit Wachskreiden, Rötel, Graphitstift Druckstock frottieren - einfarbig oder mehrfarbig wiederholen - Motiv einmal oder mehrmals versetzt abreiben
LERNZIELKONTROLLE:	Gemeinsames Betrachten und beschreiben der Arbeitsergebnisse
ERGÄNZENDE UND FÄCHERÜBERGREIFENDE PROJEKTE:	Frottagen von Strukturen unserer Umgebung (Fußbodenbelag, Steinplatten, Gedenkplatten, Zäune, Hauswände).

FROTTAGE

Die uralte "Abrubbel-Technik", die wir alle aus der Kinderzeit kennen. Das Motiv kann einfach, doppelt, mehrmals verschoben, über- oder nebeneinander "gedruckt" werden . . .

Bildbetrachtung II
mit Schülerarbeiten
Marianne Merz
ALS-STUDIO-REIHE 715
Unterrichtshilfen für Bildende Kunst in der Grundschule
Band 7
Als Verlag
FRANKFURT

Fächerübergreifende Aufgaben mit Papier
Marianne Merz
ALS-STUDIO-REIHE 718
Unterrichtshilfen für Bildende Kunst
Band 8
Als Verlag
FRANKFURT

SPIELE
selbstgemacht
Marianne Merz
ALS-STUDIO-REIHE 722
Unterrichtshilfen für Bildende Kunst
Band 9
Als Verlag
FRANKFURT

Deckfarben II
Lernbereich Farbe
Marianne Merz
ALS-STUDIO-REIHE 725
Unterrichtshilfen für Bildende Kunst
Band 10